DES FINANCES PUBLIQUES EN FRANCE.

DES FINANCES PUBLIQUES

EN FRANCE,

PAR

M. le Bon Edmond de Ménainville,

RECEVEUR DES FINANCES.

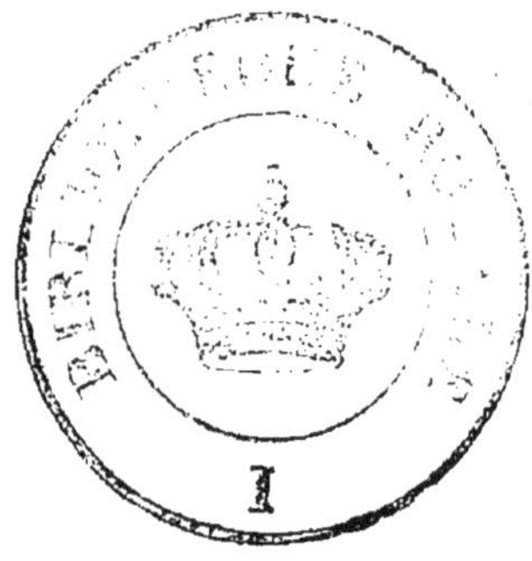

PARIS,

A. GUYOT, IMPRIMEUR DU ROI,

35, RUE NEUVE-DES-PETITS-CHAMPS.

1843.

Issoudun, 5 juin 1843.

Les grandes dépenses font les grands peuples.

Or, un résultat incontestable des formes représentatives en matière de gouvernement, est de mettre, plus que tout autre mode, d'abondantes ressources aux mains du pouvoir dirigeant.

Quand donc ces gouvernemens ne font pas de grandes choses, ce ne sont pas les voies et moyens qui leur manquent, c'est la volonté, l'intelligence et la hauteur des vues.

Le budget pour 1844 annonce une dépense d'un milliard quatre cent millions cinq cent treize mille sept cent dix-sept francs. Quel Roi assez absolu, quel conseil républicain assez redouté pourrait faire une pareille demande à la France?

Et cependant on la lui fait aujourd'hui, en pleine paix, sans qu'elle s'émeuve et s'inquiète, sans que ses députés commissaires pour l'examen de cet énorme budget, après l'avoir mûrement, dignement étudié dans tous ses détails avec le désir de le ramener à un chiffre moins élevé, trouvent autre chose à proposer qu'une réduction de vingt-cinq millions.

Plusieurs causes déterminent l'intelligente résignation du pays devant les sacrifices considérables et croissans que chaque exercice lui impose.

§ Ier.

La première est la fidélité dans les recettes. Il a fallu des siècles pour l'établir. Elle est la double conquête du temps et des institutions.

Aucune époque de notre histoire ne saurait présenter des justifications pareilles à celles du grand-livre actuel de la France.

Durant les soixante-quinze années qui suivirent le règne de Louis XII, les charges du pays quintuplent, elles s'élèvent de vingt-cinq millions à cent quarante et un million neuf cent mille livres, et le Gouvernement se laisse soutirer de toutes parts le produit de ces charges, qu'il ne sait qu'accumuler.

Sous Henri III, les édits de taxe se multiplient au point qu'il en est enregistré vingt-six dans un seul lit de justice, mais sans plus de profit pour l'Etat. De trente-deux millions de livres perçus directement au nom du Roi, à peine huit ou dix parviennent dans ses coffres.

A l'arrivée de Sully, un impôt de trente millions n'en verse que onze au Trésor; le reste se détourne et se perd dans le mouvement des collectes. Mais le génie de Sully vaut une institution. A sa mort, le même impôt n'est plus que de vingt-six millions, la presque totalité entre dans la caisse publique, et il a pu produire encore une réserve de trois ou quatre millions par année.

L'administration de Richelieu a sa gloire au point de vue guerrier et politique; au point de vue financier, elle est déplorable. Il faut l'accuser d'une bien coupable négligence, si l'on n'ose pas prononcer le mot d'incapacité.

Celle de Mazarin n'a pas la même excuse; il sait faire une fortune, mais c'est la sienne. Celle qu'il laisse à sa mort dépasse le revenu tout entier de l'État pendant une année. Tel est le désordre qui dévore sous lui les finances publiques, que le seul impôt connu sous le nom de la taille peut être ramené par Colbert de cinquante-trois millions à trente-trois, et cependant produire plus encore à l'État que sous Mazarin.

Après Colbert, on ne trouve plus un peu de

régularité que sous le cardinal Fleury; mais c'est encore là l'influence d'un homme; quand elle finit, les désordres reparaissent et croissent avec les nécessités de la guerre de sept ans. Est-il besoin de rappeler le gaspillage qui, en dispersant les restes de la fortune publique sous Louis XVI, conduisait rapidement à la banqueroute, à la hideuse banqueroute, comme disait Mirabeau, et préparait le gouffre où la monarchie s'abîma.

Sous le Consulat et l'Empire apparaissent enfin de véritables méthodes de comptabilité. Si on les compare à tout ce qui a précédé, elles comportent un progrès immense, d'heureuses et grandes améliorations. Mais, mises en regard des procédés qui ont suivi, et sous l'action desquels aujourd'hui la fortune publique se compose, s'applique et se liquide, il faut reconnaître que ce n'était là encore que l'enfance de la vraie comptabilité. Non pas que le génie du fondateur qui reconstruisait alors le pouvoir monarchique et l'élevait à son plus haut degré de force et d'unité, faillit à la tâche d'une plus puissante organisation. Le germe de l'ordre, si l'on peut parler ainsi, son sentiment et sa pensée, se retrouvent dans tous les principes qu'il a posés; mais il semblait en arrêter le développement et les conséquences à dessein. Qui dit ordre dit limites, limites de toutes parts, à un instant prévu, à un point déterminé. L'ordre complet dans les finances pouvait devenir un obstacle à sa volonté dans l'action. Le cours régulier des exercices eût été trop lent pour sa marche précipitée; il les quittait sans les clore, il les devançait sans les attendre, il laissait des centaines de millions en dehors de leurs cadres; il lui fallait l'espace, même dans les finances! Aussi, après avoir créé l'institution centrale de la Cour des comptes et soumis à sa juridiction tous les comptables des deniers publics, il laisse cette grande autorité judiciaire sans puissance réelle, parce qu'il n'existe pas encore un mode régulier et uniforme d'écritures, une description journalière de tous les faits de la recette et de la dépense, une obligation commune à tous les services de dresser et de lui soumettre les justifications nécessaires à son contrôle, et que chaque ordonnateur reste légalement juge de la convenance de lui communiquer les titres et les documens qu'elle réclame. La Cour des comptes *vérifiait* à peu près aussi librement que la Représentation nationale *consentait.*

Était-on parvenu du moins à établir la fidélité dans les recettes? On peut marquer le jour où ce grand et important résultat, qu'on n'avait jamais obtenu, fut acquis dans le présent et assuré pour l'avenir. En 1806, le ministre du Trésor, par une heureuse inspiration, transporta les formes de la comptabilité commerciale dans la comptabilité publique; il lui emprunta ses procédés pour la tenue des écritures et pour le mouvement des fonds. L'exactitude et la rapidité de ces méthodes lui permirent de suivre, d'arrêter chaque mois les opérations de ses comptables. Les sommes versées dans leurs mains par les contribuables cessèrent d'y séjourner d'une manière irrégulière, indéterminée, exposés pendant ces séjours plus ou moins longs aux chances des non-valeurs et des déficits. Le ministre eut désormais la possibilité de connaître à chaque instant, dans leur situation générale, l'actif et le passif du pays. A l'aide d'une banque spéciale, agent exclusif de son administration centrale et connue sous le nom de *caisse de service*, qu'il créa et plaça sous sa main, il put recevoir, transporter, rendre présens, avec la facilité, la promptitude et l'économie du crédit, partout où ils seraient nécessaires et dans l'exacte proportion des besoins, les fonds soumis à sa surveillance et à sa direction personnelles. Les bases de cet établissement financier étaient excellentes; il ne restait qu'à le compléter, à lui soumettre tous les élémens, toutes les ressources, tous les services de la fortune publique, et à le sanctionner par le contrôle judiciaire qui n'existait encore que nominalement dans l'institution de la Cour des comptes.

Ce fut l'œuvre de la monarchie constitutionnelle, bienfait le plus considérable et le plus fécond du régime représentatif, également sincère de la part de la Restauration et des Chambres législatives, double moralisation du Gouvernement et du pays. Aujourd'hui, résultat admirable, dont l'histoire d'aucun autre temps, d'aucun autre peuple, ne présente un second exemple; aujourd'hui, de cette masse énorme de recettes qui viennent se ranger méthodiquement dans les caisses de l'État, il n'est pas un centime qui puisse s'échapper sans que la Cour des comptes n'en suive la trace et ne le ramène à sa place déterminée!

§ II.

Un second motif de confiance et de sécurité pour le pays contribuable, c'est le sentiment de l'ordre, de la régularité qui existent aussi dans l'emploi des sommes que ses représentans allouent au pouvoir, c'est la certitude que les dépenses ne peuvent être capricieuses, arbitraires, et se détourner de leur destination consentie. Le crédit du Gouvernement auprès du pays et des Chambres repose sur son exactitude. Un abus de quelques centaines de mille francs sur un seul chapitre lui ferait refuser des millions sur l'ensemble. Au contraire, plus il mettra de soin et de légitime habileté à déférer aux recommandations, aux exigences mêmes du Parlement, sur toutes les questions d'ordre, d'affectation, d'économie dans les dépenses improductives, et plus il le trouvera facile à l'égard de celles qui ont une importance générale. Tout ce qui peut accroître la confiance des Chambres dans la gestion financière du Gouvernement doit se résoudre en augmentation de crédit pour lui-même.

Une série de mesures législatives, intervenues depuis 1830, ont fait rentrer dans les cadres élargis de la comptabilité générale des élémens de la fortune publique qui n'y figuraient pas en termes assez précis. On a prescrit des inventaires rigoureux des propriétés immobilières de l'État, des valeurs en matières des départemens de la guerre et de la marine, de manière à établir une responsabilité plus exactement correspondante de la part des administrations chargées de ces diverses gestions. Des fonds spéciaux restés en dehors du budget général sont venu s'y classer, et quand leur emploi, comme celui des encouragemens aux sciences et aux lettres, ne pouvait être déterminé à l'avance, il a dû en être rendu des comptes détaillés qui pussent permettre encore l'approbation ou le blâme. Il n'est pas jusqu'aux logemens dans les bâtimens publics qui n'aient été soumis à la garantie de ce contrôle.

Mais deux mesures d'une grande importance ont contribué surtout à augmenter, à compléter la confiance du pays.

La spécialité des crédits législatifs n'existait que par ministère, s'y déterminait seulement pour quelques grandes sections, et laissait aux ministres ordonnateurs la faculté de se mouvoir à leur gré dans un crédit général ouvert en masse à leurs divers services. La spécialité a été établie, dès 1831, par chapitre pour chaque budget ministériel; les détails de chaque service ont dû être prévus et évalués par leurs chefs, appréciés par les Chambres, acceptés et dès lors commandés par elles. L'administration a dû étudier tous ses besoins à l'avance et les mesurer plus exactement avec ses ressources. Elle a pu sans doute se mouvoir avec moins de facilité, mais elle s'est trouvée à l'abri de tout entraînement, et le pays n'a plus eu à redouter son imprévoyance ou ses fautes. Rien ne pouvait plus s'exécuter qu'il n'eût autorisé et consenti dans des limites aussi rigoureuses que possible.

Enfin, une loi de 1832 ordonna la publicité du rapport annuel de la Cour des comptes. Aucune garantie, aucun motif de sécurité ne manquent désormais aux contribuables. Ils donnent le mandat primitif de voter les recettes, de régler, de spécialiser les dépenses. Un corps judiciaire et souverain, dont la surveillance accompagne les moindres actes de l'administration générale partout où elle accomplit une opération financière, mais qui ne se mêle jamais à son action dépendante seulement de son contrôle, saisit pour ainsi dire les deniers publics à l'heure même du recouvrement, les suit de caisse en caisse pendant leur maniement gouvernemental jusqu'aux mains du créancier définitif et légitime qui en donne le récépissé. Et ce tribunal lui-même rend maintenant ses comptes aux Chambres, au public, aux contribuables, de telle sorte qu'il n'est pas un citoyen, s'il est doué d'une intelligence suffisante, qui ne puisse vérifier chaque jour sur des documens officiels, sur des documens judiciaires, l'actif et le passif de son pays, la gestion de son gouvernement, l'efficacité de ses institutions financières. C'est là une des gloires de notre époque, le progrès le plus réel qu'aient amené les lumières publiques et parlementaires, une liberté qui se manifeste par les merveilles et la puissance de l'ordre, et n'apporte du moins avec elle aucun danger, aucune compensation redoutable.

Pour se convaincre de la scrupuleuse attention avec laquelle il est veillé au maintien de ces règles salutaires, il suffirait de jeter les yeux sur les rapports adressés aux Chambres chaque année par les commissions qu'elles chargent d'examiner les budgets; rapports presque toujours remarquables par leur savante et lucide impartialité, fidèles annales de la situation financière de la nation où l'historien pourra retrouver un jour la pensée de nos dépenses, la mesure de nos forces, la trace de nos espérances déçues ou réalisées, les témoignages écrits de nos fautes ou de notre prévoyance, et, pour ainsi dire, l'étiage annuel de ces richesses croissantes ou décroissantes, qui portent plus ou moins haut le vaisseau de l'État.

Ainsi, le rapport sur le budget pour l'exercice 1844, croit reconnaître un caractère d'irrégularité, malgré les explications de M. le ministre de la guerre, dans plusieurs dépenses de ce département. Il conteste qu'un crédit ouvert pour des casernemens de cavalerie ait pu être appliqué à l'achat d'établissemens, pour y fonder des dépôts d'étalons. Il se refuse à admettre que le même ministre, sur le crédit de 140 millions voté en 1841 pour *une enceinte continue* autour de Paris et *des ouvrages extérieurs casematés*, ait pu faire exécuter une seconde enceinte à l'Est du château de Vincennes, et, près de ce fort, des bâtimens militaires, destinés soit à un casernement de cavalerie, soit à des magasins à poudre. Le rapport voit là une violation du principe de la spécialité ; l'identité d'intérêts, la solidarité de ces divers travaux, ne suffisaient pas, aux yeux de cette commission, pour dispenser le ministre ordonnateur de recourir, pour ces dépenses, à la demande d'un crédit spécial.

Ces exemples démontrent assez l'esprit de rigoureuse exactitude avec lequel les principes sont rappelés sans cesse et les garanties sans cesse maintenues.

Toutefois, les événemens ne se règlent pas toujours selon la volonté de l'homme. L'histoire a ses incidens imprévus, comme les grands fleuves, le temps a des rapides. Le pouvoir exécutif ne pouvait pas demeurer tellement enchaîné dans le cadre des prévisions normales et dans les liens de la spécialité, qu'en présence d'un désordre soudain des hommes ou de la nature, surpris par une nécessité politique ou enveloppé par un fléau, pressé par un intérêt public instantané, il dût laisser le mal s'accomplir, le bien s'ajourner, l'occasion disparaître, plutôt que de méconnaître un principe et d'enfreindre une règle. Il n'y a souvent qu'une heure dans les affaires humaines où le succès soit possible. Il faut souhaiter aux Gouvernemens l'instinct qui la reconnaît, mais il faut leur laisser aussi les moyens de la saisir. La loi du 25 mars 1817 avait réservé au Roi la faculté d'ouvrir, par de simples ordonnances ministérielles, des crédits provisoires pour les cas extraordinaires et urgens; faculté nécessaire, mais facilement indiscrète, sin gulièrement favorable aux abus, et dont l'usage de plus en plus fréquent venait détruire, sans justifications suffisantes, le précieux équilibre des budgets. Diverses mesures législatives de 1833 et 1834, en maintenant ce droit exceptionnel qu'il y eût eu péril à révoquer, en ont modéré l'exercice, réglementé l'action et déterminé, autant qu'il était possible de le faire, les conditions et les limites. L'opinion publique n'en demeure pas moins préoccupée des abus antérieurs; elle est restée plus ou moins sous l'impression qu'elle en reçut. On ne sait pas assez, en dehors du cercle législatif, les garanties nouvelles qui président à l'ouverture des crédits supplémentaires ou extraordinaires. La défiance qui subsiste à cet égard ne disparaîtra qu'autant que le Gouvernement mettra lui-même plus de soin, plus de réserve, plus de prudence, soit à ne recourir que sous l'empire d'une véritable nécessité ou d'un puissant intérêt au droit inquiétant qu'il conserve, soit à respecter religieusement toutes les obligations qui le tempèrent. Ce n'est pas seulement sa responsabilité effective qui s'y trouve engagée, c'est son crédit auprès du pays et des Chambres, son crédit qui se mesure sur leur confiance et croît ou décroît avec elles. Il doit vouloir lui-même tout ce qui peut affermir cette confiance, dissiper ses dernières inquiétudes, faire cesser ses dernières préoccupations; il doit le désirer, en raison même de la force qu'il peut en recevoir. Peut-être y aurait-il quelque avantage sous ce rapport à créer auprès de lui une commission permanente où viendraient prendre place, par un renouvellement partiel, les rapporteurs des budgets pendant les trois dernières années dans les deux Chambres, et dont chaque ministre devrait demander l'avis consultatif avant l'ouverture de crédits supplémentaires ou extraordinaires. Une commission ainsi composée, non par le choix intéressé des ministres eux-mêmes, mais par l'effet régulier d'un suffrage antérieur des assemblées parlementaires, ne réunirait que des hommes déjà initiés à la double tradition soit des besoins particuliers à chaque service, soit des économies les plus habituellement conseillées au sein du Parlement. Il n'y aurait à craindre de leur part aucune opposition systématique, irréfléchie ou étrangère aux véritables nécessités gouvernementales ; leur dissentiment ne saurait d'ailleurs enchaîner la liberté ministérielle, qui resterait entière comme sa responsabilité; mais leur adhésion préparerait, si elle ne la dictait pas, l'approbation des Chambres ; et cette institution, lien nouveau du Gouvernement avec elles, aurait pour résultat, pour effet moral, d'inspirer tout à la fois une plus grande circonspection au pouvoir et une plus grande sécurité au pays. Elle constituerait une garantie nouvelle sur le seul point où il ne croit pas encore son établissement financier complètement défendu.

§ III.

Cet ordre, cette exactitude, ces sûretés dans la comptabilité proprement dite, ne suffiraient pas encore pour expliquer comment un peuple, qui a tant de tribunes et d'organes, accepte aussi facilement des charges aussi lourdes. Il faut qu'il ait acquis, en outre, le sentiment d'une direction réellement utile et féconde imprimée aux dépenses de l'État.

En effet, le temps n'est plus où les impôts se payaient à titre de tribut au pouvoir. Aujourd'hui les finances du Gouvernement sont celles même de la nation; elles ne perdent pas ce caractère en passant des mains qui contribuent dans celles de l'autorité qui reçoit. Le Gouvernement n'en a que la simple gestion, pour le compte et au profit du pays. Le peuple apprécie le mérite des dépenses par les avantages qu'il en retire en prospérité, en sécurité ou en dignité nationales. C'est là toute sa science économique; ce sont les conditions auxquelles il mesure sa bonne volonté. Mieux un Gouvernement résoudra ce problême à ses yeux, plus il pourra lui demander d'efforts et de sacrifices.

Depuis 1830, toutes les grandes dépenses de l'État ont eu constamment un caractère *productif* ou *défensif*.

Plus qu'à aucune autre époque pendant ces treize années, la nation a vu les fonds centralisés au Trésor par la voie des impôts, refluer en mille canaux sur ses provinces, jusque dans ses plus petites communes, pour en améliorer la situation matérielle, agricole, intellectuelle et religieuse. Combien de voies et de moyens de communication de toute nature, combien de foyers d'instruction de tous les degrés, combien d'encouragemens et de secours sous toutes les formes, impossibles sans les allocations incessamment prodiguées par le pouvoir central, sont venu porter partout le mouvement et la vie, la vie de l'intelligence et du travail, la vie sociale si féconde par elle-même. L'esprit d'association, dont on préconise avec raison la puissance alors même qu'il ne combine que quelques efforts individuels, a réuni de nos jours, pour le développement de toutes les facultés nationales, les deux plus grandes forces collectives qui existent, le Gouvernement et le pays! L'un avec son action souveraine, qui embrasse, règle, coordonne et fait concourir toutes choses; l'autre avec ses immenses ressources qui semblent n'avoir de bornes que sa confiance.

Quelque persévérans que soient les efforts des oppositions, elles ne peuvent dissimuler les résultats quand ils sont accomplis; le temps, plus persévérant qu'elles-mêmes, finit bientôt par les découvrir, et les expose victorieusement aux regards. Le dernier mot des choses ici-bas, c'est la vérité, et il n'y a pas d'excitations théoriques, quelque retentissement qu'on leur donne, qui puissent prévaloir long-temps contre les faits. Que sont devenus tant de systêmes, de questions, de doctrines, à l'aide desquelles on était parvenu momentanément à passionner les esprits? De chacune d'elles on nous disait qu'elle allait décider du destin de la patrie. Qu'en reste-t-il? Elles ont eu le sort des vaines paroles. Mais quand ce règne, si patient devant les contradictions, rendra ses comptes à l'histoire, quand se fera son inventaire et que chaque département viendra y inscrire les améliorations positives qu'il lui doit, quelle nomenclature de bienfaits réels et durables! On traverserait l'Europe avec les lieues de routes nouvelles qu'il a ouvertes. On bâtirait un monument avec les premières pierres qu'il a posées. Déjà plus de trente-trois mille écoles primaires, premier seuil des connaissances humaines, admettent la nation à venir à l'initiation de l'intelligence. Noble travail de l'homme sur lui-même! Généreuse prodigalité envers les générations qui s'élèvent! Qui peut dire ce que produira cette grande expansion des lumières? A combien d'esprits il n'a manqué peut-être que ces premières notions pour s'élancer dans le brillant domaine de la pensée, de l'imagination ou des sciences, comme il ne manquait à Colomb qu'un vaisseau pour le porter!

Le pays ne regrette pas les dépenses à l'aide desquelles son Gouvernement a pu offrir le travail aux bras de la misère et de l'émeute, maintenir ou faire rentrer dans le cercle des lois les partis qui tentaient d'en briser la puissance, et garantir le repos de ses grandes cités. Il a ressenti trop souvent dans ses propres foyers le contre-coup des commotions politiques; il a trop vu par lui-même que, lorsque les institutions sont menacées, de même que lorsque le sol tremble, tout chancelle; il sait désormais que l'ordre général est non-seulement la première condition de la prospérité publique, mais devient un bienfait particulier pour chaque intérêt et chaque fortune.

Le pays ne regrette pas les sacrifices, si considérables pourtant, auxquels il s'est résigné pour tenir debout une armée imposante et abriter sa capitale sous une enceinte de citadelles. Ces sacrifices lui ont valu la paix du monde, doublent ses forces dans l'avenir, et rapprochent le moment où il pourra, sans que l'Europe le sente affaibli, signer sur le couronnement de ses remparts la réduction tant désirée de son effectif.

Le pays ne regrette pas l'or qu'il a versé sur le sol de l'Algérie, pour affermir, étendre, organiser sa conquête, et implanter sa civilisation chrétienne sur ces rivages barbares.

Ce sont là de grandes choses, des choses qui prennent une belle place dans l'histoire, que de modérer une révolution, d'en comprimer les écarts, de régulariser toutes ses forces, de les faire servir à la prospérité d'une nation en même temps qu'à son indépendance; de choisir la paix quand on est maître aussi de la guerre; quand on en a le génie et le goût; de préférer la gloire qui enrichit, qui civilise les peuples, qui élève partout sur la route de l'homme les phares de l'instruction, à la gloire qui ne s'asseoit que sur des ruines.

Mais l'œuvre des Gouvernemens n'est jamais accomplie; ils sont nés sous la loi du travail; ils naviguent sur un courant qui ne s'arrête pas, c'est le temps. Déjà d'autres besoins, d'autres nécessités, d'autres gloires se présentent. Les acclamations qui saluent la vapeur alors qu'on la voit emporter et ramener des populations entières, avec la rapidité du regard, disent assez l'empressement des peuples à profiter de cette merveilleuse conquête du génie de l'homme sur l'espace et le temps. Le pays vous refuserait des ressources pour de stériles entreprises, mais dites-lui quels trésors il vous faut, et il les trouvera pour payer ce plus prompt échange de ses pensées, de ses espérances, de ses relations, pour acquérir ce nouveau droit de présence sur tous les points où peuvent l'appeler un intérêt, une affection, un plaisir, une fantaisie. Pendant que les vieilles oppositions s'obstinent à réclamer pour lui l'extension de quelque droit électoral, donnez-lui, vous, cette grande liberté nouvelle de sa personne, de ses mouvemens, de ses contacts, à travers le monde devenu pour lui un domaine nivelé, sans distances et sans barrières.

Un des résultats de la longue paix que nous avons su maintenir devait être de ramener l'attention du Gouvernement sur de grands intérêts trop long-temps oubliés, les questions maritimes.

La prise de possession des îles Marquises, le protectorat accordé aux îles de la Société, la nomination d'un Prince du sang au gouvernement de la Guyane et son mariage avec une Princesse d'un empire limitrophe, sont des faits récemment accomplis ou en voie d'exécution, qui viennent de révéler au pays les préoccupations d'une pensée depuis long-temps attentive aux intérêts de notre marine, de notre commerce, et aux besoins de nos établissemens d'outre-mer.

Pendant que le Gouvernement méditait, dans le secret de ses vues ultérieures, sur les moyens de rendre à la France une puissance qu'elle a vu s'affaiblir progressivement sous l'influence des événemens accomplis depuis cinquante ans, des circonstances particulières semblaient préparer l'esprit public à cet heureux retour vers des idées qui touchent essentiellement à la prospérité nationale. L'occupation de l'Algérie et les débats qu'elle soulève chaque année dans notre Parlement, les discussions sur l'industrie sucrière, les projets de nouvelles entreprises de colonisation soumis par le Gouvernement à des commissions spéciales et savamment élaborés par elles, les discussions incidemment élevées sur le droit de visite et qui ont si vivement ému l'opinion publique, l'ont réaccoutumée, pour ainsi dire, aux questions maritimes et coloniales.

Il est évident aujourd'hui que le Gouvernement les avait prises depuis long-temps en sérieuse considération, et que l'esprit public est disposé à seconder les efforts qu'il voudra tenter désormais. C'est là une heureuse situation, mûrie par la sagesse gouvernementale, et dont il ne reste plus qu'à profiter.

Un fait considérable vient d'ailleurs en faire une nécessité.

La Traite est abolie et ne peut plus recruter nos Colonies de travailleurs noirs.

L'Émancipation est décidée en principe, au moins par le Pouvoir exécutif. Elle doit avoir lieu après une indemnité suffisante et loyalement appréciée. Telle est la promesse officiellement transmise aux Gouverneurs des Colonies.

Si le Gouvernement se renfermait dans la satisfaction philosophique de ces deux grands actes d'humanité, et se croisait les bras pour assister au spectacle de son œuvre, il verrait s'achever rapidement la ruine de nos Colonies alors certaine, inévitable, à peu près immédiate.

Or, sans Colonies plus de marine marchande; sans marine marchande, plus de marine militaire; sans marine militaire, à quel degré de faiblesse ne pouvons-nous pas retomber?

Restons quelque temps encore, la prudence le veut, spectateurs armés, attentifs et résolus, des événemens que peuvent amener pour l'Espagne le mariage et la majorité de sa Reine. Mais il est permis d'espérer qu'après ces dernières incertitudes sur la paix de notre avenir, et après l'entier achèvement de nos fortifications, rien ne s'opposera plus à un désarmement sur lequel il n'y aura ni crainte, ni possibilité que l'Europe se méprenne. En reportant ses efforts sur le développement de notre marine et de nos établissemens coloniaux, la France prouvera qu'elle n'entend déchoir ni de son rang, ni de sa puissance. Les sacrifices qu'elle s'imposera pour ces nouveaux intérêts serviront également son commerce et sa gloire. Elle devra se dire encore: les grandes dépenses font les grands peuples.

§ IV.

Quand on songe toutefois à ces nombreuses contradictions, animées, puissantes, indiscrètes, au milieu desquelles le pouvoir dirigeant, qui a besoin d'ensemble dans ses vues, d'accord dans ses actes, d'une progression régulière dans sa marche, et quelquefois de secret dans ses opérations, est obligé de procéder parmi nous, on s'étonne qu'il lui soit possible de suivre une même pensée, de préparer et d'atteindre un avenir quel qu'il soit, on ne peut qu'admirer la haute intelligence qui sait suppléer, à force de ménagemens, de patience et de volonté, à ce défaut de concentration dans le pouvoir.

Il faut le reconnaître : l'unité gouvernementale n'existe plus. Elle s'est fractionnée dans le régime constitutionnel, qui donne au pouvoir trois actions distinctes par leur origine et dès lors instinctivement rivales.

Ce régime, il est vrai, prévoit leur lutte et en règle d'avance les conditions. Il a des procédés pour rétablir l'équilibre : n'est-ce pas parce qu'il a des principes qui tendent à le détruire ?

Durant ce jeu de la constitution, comme on

l'appelle, le pouvoir oscille, le pays est témoin de ses oscillations, il est tenu en suspens, il doute, il fait des vœux pour ou contre, selon ses passions ou ses intérêts ; mais son émotion est loin d'être de la foi, et le sentiment qu'il reçoit est loin d'être de la force.

Quand le pouvoir a repris son aplomb, les savans admirent ce que ce mécanisme a d'ingénieux ; mais la confiance qui succède à ce genre d'expériences n'est jamais absolue.

L'unité est une force si vraie, elle correspond si bien à la nature humaine, que sous ce régime de la division des pouvoirs, vous voyez presque toujours l'un ou l'autre rallier isolément des passions, tandis que leur trinité philosophique ne rallie jamais que des raisonnemens.

Je reconnais que cette combinaison politique a de grands avantages, qu'elle est à sa place historique, qu'elle est bien contemporaine de notre époque, et que par l'individualisme même de ses formes elle est dans un rapport exact avec notre société actuelle; je trouve seulement qu'elle sert ses défauts plus qu'elle ne les corrige, qu'elle lui emprunte sa faiblesse plutôt qu'elle n'ajoute à son énergie, qu'elle se subordonne au lieu d'influer, qu'elle accorde trop de place, trop de temps, trop d'action à des sentimens passagers, à des impressions factices, à des variations perpétuelles, à des intérêts de personnes ou de localités, jusqu'à des vanités individuelles les plus misérables, en un mot, à tout ce qui préoccupe dans le présent sans intéresser l'avenir, et ne fait que distraire un Gouvernement de son véritable but.

Aujourd'hui, chacun prétend mettre le Gouvernement à son service, et, chose étrange, c'est qu'avec une volonté suivie et un peu de persévérance, on y parvient. Demandez aux découragemens ministériels leur véritable cause : elle elle est là plus que dans les grandes affaires;

celles-ci comportent presque toujours leur solution, et les Gouvernemens s'y entr'aident plus qu'on ne croit.

Quand vous visitez la bibliothèque du Roi au château de Saint-Cloud, vous rencontrez six gros volumes intitulés : *l'Art de contenter tout le monde;* mais si la curiosité vous entraîne indiscrètement à vouloir les prendre et les ouvrir, vous ne pouvez : ce n'est qu'une peinture spirituelle sur la porte masquée d'un boudoir. D'un pareil ouvrage, il ne peut y avoir que le titre, même chez le prince qui a donné le plus de places, de croix, de médailles, qui a fait faire le plus de tableaux, de statues, le plus de travaux, de monumens, de ponts, de routes; qui a maintenu habilement la paix au profit des arts, du commerce, de l'agriculture, de l'industrie, et s'est montré toujours attentif au bien-être de son pays.

Est-ce le résultat de nos mœurs, de ce droit

qui appartient à chacun de s'élever au-dessus des autres et qu'on appelle en France l'égalité, d'une longue paix, toujours favorable aux ambitieux sans courage et aux intrigans vulgaires? Est-ce une conséquence de notre loi d'élection, laquelle eût fait naître l'esprit local s'il n'eût pas existé? Est-la faute des Gouvernans, peut-être trop enclins à traiter avec lui? De tout cela un peu.

Ainsi, la constitution divise le pouvoir, les lois secondaires le subdivisent, et la pratique l'éparpille. Comment ne serait-ce pas aux dépens de sa force?

Il faut revenir, revenir en toute hâte à l'unité partout où elle est possible, légale, constitutionnelle.

La centralisation administrative, cette vigoureuse institution de l'Empire, l'un des secrets de sa puissance, conserve encore son organisation primitive. Cet innombrable personnel, si bien enregimenté, a ses mêmes cadres, sa même hiérarchie, sa même méthode de fonctionner et d'agir, mais il a perdu le sentiment de sa dépendance exclusive. Chacun ne relève plus seulement de son chef; chacun sent que son chef ne relève plus seulement du pouvoir; tous ont deux maîtres : le Gouvernement au centre, c'est-à-dire au loin, et le député à côté d'eux. La lettre des décrets subsiste, l'esprit s'en perd. Ne peut-on maintenir l'un avec l'autre?

L'administration, c'est votre armée civile. Qu'elle était belle quand, soumise à une impulsion uniforme, absorbée dans sa mission spéciale, elle s'animait d'un même esprit à tous ses degrés, procédait avec un admirable ensemble, et répandait au dehors l'ordre dont elle portait le principe en elle-même!

La Charte ne contrarie en rien cette unité d'action, cette heureuse discipline; elle n'en demande pas le relâchement; pourquoi donc s'y prêter?

Je ne puis m'empêcher de déposer ici un regret que je sens avec une sorte d'amertume, mais qui se dissipera sans doute avec les dernières illusions de la jeunesse. Dans les idées que je me faisais sur la haute mission des gouvernemens, je ne les réduisais pas à une simple gestion des intérêts publics; je ne croyais pas, comme on l'enseigne aujourd'hui, qu'ils dussent seulement refléter chaque époque; je ne les plaçais pas à la remorque des sociétés subissant l'action de mœurs abandonnées elles-mêmes aux hasards d'une perfectibilité sans direction; je les laissais où les plus belles histoires me les montraient jusqu'alors, à la tête de ces sociétés qu'ils étaient chargés, non-seulement d'administrer, mais de constituer et de féconder; je leur supposais une action morale, une influence propre, une destination providentielle; je les croyais appelés, sinon à créer le caractère des peuples, au moins à le déterminer et à le maintenir en développant leurs vertus les plus instinctives, en les pénétrant d'une idée vivace, d'une sève commune, en unissant les esprits dans une généreuse et puissante solidarité. Ainsi faisait, dans ses beaux jours, le Sénat de Rome, le plus fort des gouvernemens. Avec quel soin, avec quelle fixité et quelle persévérance de vue il s'attachait à faire passer l'orgueil du nom romain de ses délibérations dans ses décrets, afin que de ses décrets il passât dans toutes les fibres du peuple et se retrouvât tout entier dans chaque homme. Pendant des siècles de puissance, une seule et même pensée, une pensée d'éducation populaire, une pensée gouvernementale qui ne s'abandonne pas un instant elle-même, réapparaît dans toutes ses lois, protége le caractère romain contre les influences de la prospérité elle-même, et lui conserve à travers tant de conquêtes, au milieu de tant de contacts divers, sa redoutable unité. Ainsi fut-il de la chevalerie, création merveilleuse du génie monarchique, et qui éleva l'honneur au rang des religions. Ainsi fut-il de la noblesse française, innombrable famille de héros, solidaire du trône, une avec lui, si poétique avec ses légendes qui imposaient la gloire comme une tradition domestique, si belle à voir triompher, si belle à voir mourir! Mais quand le pouvoir lui-même est scindé, multiple, complexe, comment pourrait-il agir sur l'esprit public avec unité? L'esprit d'examen a succédé à la foi, dans les gouvernemens aussi bien que dans la religion; c'est une sorte de protestantisme politique plein d'orgueil et de sécheresse. Le goût des doctrines remplace peu à peu le sentiment national; la fierté du nom se perd.

Mais si les formes de notre Gouvernement ont leur mauvais côté, elles ont aussi leurs avantages. Laissons au passé ce qu'il ne peut nous rendre, et ne songeons qu'à demander à l'avenir tout ce qu'il peut donner. L'histoire ne se recopie pas elle-même ; elle se fait toujours à nouveau. On ne remonte pas le temps, et ses rivages changent sans cesse. Ceux qui croient les reconnaître se trompent; aucun œil ne les a vus avant nous. La France a une nouvelle gloire, une nouvelle prospérité, celles de sa liberté et de sa civilisation nouvelles.

FIN.

www.ingramcontent.com/pod-product-compliance
Ingram Content Group UK Ltd.
Pitfield, Milton Keynes, MK11 3LW, UK
UKHW012302240726
13966UKWH00004B/1576

9 782011 756145